CONTRE L'EMPR...

ÉTUDE

sur les voies et moyens d'exécutio...

des grands Travaux publics

en Algérie

au moyen des excédents du budget ordinaire

et sans impôts nouveaux

PAR

MARIO VIVAREZ

ANCIEN CONSEILLER GÉNÉRAL

BLIDA

IMPRIMERIE ADMINISTRATIVE A. MAUGUIN

Place d'Armes

20 AVRIL 1901

CONTRE L'EMPRUNT

ÉTUDE

sur les voies et moyens d'exécution

des grands Travaux publics

en Algérie

au moyen des excédents du budget ordinaire

et sans impôts nouveaux

PAR

MARIO VIVAREZ

ANCIEN CONSEILLER GÉNÉRAL

BLIDA

IMPRIMERIE ADMINISTRATIVE A. MAUGUIN

Place d'Armes

—

20 AVRIL 1901

COMPENDIUM

Pages

CONSIDÉRATIONS PRÉLIMINAIRES

L'émancipation financière ayant été accordée à l'Algérie, il s'agit maintenant pour elle, de manœuvrer habilement ce levier puissant, car, suivant qu'il sera conduit avec imprudence ou sagesse, il deviendra entre ses mains un instrument de ruine ou de fécondité.

La situation spéciale des départements algériens exigeait la satisfaction de besoins, le complément d'un outillage économique, faute desquels, le pays restait condamné à un piétinement sur place qui aurait équivalu à un véritable recul. Mais il est bien certain que la constatation de cet état des choses, dans l'imbroglio, le morcellement, l'enchevêtrement au milieu des comptes des Ministères divers, devait être pour les Pouvoirs publics, Ministres et Parlement, d'une appréciation difficile et en tout cas absolument confuse.

De là ces hésitations, ces appréciations erronées en vertu desquelles, pour les uns, l'Algérie dépensait trop et ne rendait pas assez, tandis que pour les autres, les sacrifices consentis étaient toujours insuffisants et les charges exagérées. De là, par suite, ces coups de barre intempestifs orientant la barque algérienne vers les points les plus opposés et en définitif, la faisant flotter à la dérive, au gré d'influences occultes, de la fantaisie ou de l'ambition de tels meneurs habiles ayant l'oreille du Parlement.

Pour dégager la vérité, il devenait donc élémentaire d'ouvrir un livre spécial et puisque, toute affaire d'Etat se conclut en dernier ressort par une question de finances, de recourir à un Budget particulier et de décider, qu'abstraction faite des dépenses de souveraineté, toutes les ressources produites par l'Algérie seraient désormais exclusivement appliquées au fonctionnement et au développement de sa vie économique.

Evidemment, pareil Budget spécial aurait pu être discuté et réglé par le Parlement.

Il y aurait eu à cela divers avantages, mais le Parlement a semblé vouloir se laver les mains de ce qu'il pourrait advenir des affaires algériennes ; il a liquidé la situation comme un compte de tutelle et avec l'indifférence d'un bailleur de fonds ennuyé, il a dit : maintenant, votre part est faite ; allez et débrouillez-vous.

En toute sincérité on peut avouer que le Parlement avait matière a se montrer quelque peu lassé :

Quand il entendait son rapporteur, M. le député Berthelot, (*) constater avec étonnement que pour les dépenses civiles de l'Algérie,

---

(*) Rapport du 20 Juin 1900.

celles des services rattachés avaient augmenté de 30 % en huit ans,
et que dans cette apre curée du fonctionnarisme « si l'on persistait,
« les plus values des recettes continueraient à être dévorées par
« les services improductifs et que ce serait les contribuables
« français qui feraient les frais des travaux publics qu'il était
« impossible de refuser à l'Algérie ; »

Quand il apprenait par la même bouche, qu'au cours de cette
période (1892-1900), ces dépenses civiles (abstraction faite de celles
incombant à la Guerre, à la Marine, aux garanties d'Intérêt
consenties aux chemins de fer) s'étaient élevées de 43.418.000 fr.
à 50.984.000 fr., et montaient pour 1901 à 55.334.144 fr. ;

Quand ce député lui affirmait encore que « jamais, si les Algériens
« avaient du les payer de leurs deniers, on n'eut construit certains
« barrages prédestinés à un écroulement aussi ruineux que leur
« édification ; jamais on n'eut simplement amorcé, puis laissé en
« plan, une opération comme celle du chemin de fer de Laghouat ;
« jamais, s'il avait fallu leur assentiment, on n'eut créé à leurs
« frais, de lucratives sinécures au profit de fonctionnaires dont la
« révocation s'imposait; »

Quand enfin, à la stupéfaction générale, M. le député rapporteur
Berthelot, précisant un exemple de scandaleux gaspillage, faisait
connaître « qu'un ancien directeur du cabinet du Gouverneur
« général Cambon, Monsieur de Lamartinière, hors fonctions en
« Algérie depuis 1894, continuait encore à émarger au budget
« algérien de 1900, pour une indemnité annuelle de 5.000 fr. ! »

Le dégoût du Parlement à l'égard des affaires algériennes était
donc compréhensible. Cependant, au lieu de traiter la question par
l'indifférence systématique, il aurait été plus logique, plutôt que
d'accuser la population algérienne de la condition déplorable des
choses, de flétrir, de punir les vrais coupables, c'est-à-dire les
fonctionnaires incapables ou infidèles à leur mission, quelque haut
qu'ils fussent placés.

Malheureusement, le Parlement ne pouvait se douter des strata-
gèmes dont il était le jouet et du plan astucieux auquel l'Algérie,
victime d'une bande puissante de politiciens-financiers, doit l'ère
de désordre et de crise où elle se débat éperdument.

Aussi bien, dans les deux Chambres, chacun obsédé par l'accroissement effrayant des charges, naturellement disposé à accepter tout
projet d'économie affectant seulement son voisin, mal renseigné
du reste, estimait que la Métropole avait assez fait pour l'Algérie et
que la limite de ses sacrifices était désormais atteinte.

On posait en axiome que le premier outillage avait été fourni en
quantité suffisante aux frais de la France et que désormais il
appartenait à l'Algérie de faire le reste.

Dans ces conditions, il fallait donc lui octroyer le droit de se
créer des ressources : c'est de cet état d'esprit — assez confus, du
reste — qu'est née la condition nouvelle de l'Algérie, condition qui
procède quelque peu du principe fédératif et qui, si elle offre
certains avantages, ne laisse pas, sur certains points, d'ouvrir la
porte à l'arbitraire et de présenter des dangers.

Un instant de réflexion fait immédiatement saillir à l'esprit, l'antinomie profonde et nécessairement croissante qui existe entre les intérêts économiques de la France et ceux de l'Algérie.

Qu'il s'agisse d'agriculture ou d'industrie, la production algérienne restreinte comme débouchés au champ unique de la France, par la force des tarifs douaniers. ne peut que concurrencer les articles métropolitains. Or, lorsque l'Algérie aura pris l'essor que l'on rêve, quand ses usines et ses domaines regorgeront de marchandises similaires aux produits français — et elles ne peuvent notablement différer — que se passera-t-il, avec son budget séparé ? Cet essor ne sera-t-il même pas enrayé, limité ? puisque la domination française en Algérie n'a d'autre raison d'être, que la prospérité de la Mère-Patrie, en deux termes : la consommation *maxima* des produits métropolitains, la concurrence *minima* des articles algériens.

Ce n'est pas ici le lieu de développer ce point délicat, mais la vague perception de difficultés menaçantes, nous porte à regretter que le nouveau régime financier algérien, n'ait pas été la conséquence d'une organisation complète politique et économique adaptée aux conditions spéciales du milieu dès l'instant qu'on le jugeait assez différent pour lui appliquer la plus fondamentale des réformes : l'autonomie budgétaire.

L'élaboration même du budget ne manquera pas d'autre part d'occasionner des luttes très vives, où l'intérêt supérieur du pays et des contribuables pourrait bien sombrer dans des compromissions diverses, subordonnées à tel intérêt électoral ou à telle autre combinaison habilement ourdie et lancée.

Déjà, par exemple, n'a-t-on pas créé un mouvement d'opinion publique en faveur d'un emprunt de cent, trois cent ou cinq cent millions, sous prétexte de grands travaux à réaliser en Algérie ? et cela, avant même que le plan d'ensemble de ces travaux ait été mis seulement en discussion ; que leur degré d'utilité ait été étudié ; sans se préoccuper des conséquences très graves d'une semblable opération ; sans avoir examiné s'il n'y avait pas d'autre méthode préférable et si, la combinaison préconisée, n'était pas désormais condamnée en France comme un expédient onéreux, *in-extremis*, de trafiquants aux abois !

Certainement, il y a de grands travaux à exécuter en Algérie ; nul ne contestera qu'il ne soit utile de compléter son outillage économique et comme l'exprimait M. Berthelot, dans son rapport du 29 juin 1900 : « du moment que la France ne veut pas continuer « à faire l'avance de la construction des chemins de fer, des ports, « des routes.... il faut que l'Algérie s'outille elle-même. » L'avenir d'un pays est en effet lié à ses travaux publics, mais, dans l'ordonnance de ces travaux, il faut constamment songer que ce n'est pas en surchargeant de dettes ce même pays, que l'on prépare sa prospérité économique, surtout quand les ressources financières y sont nécessairement limitées parce que la fortune n'y est pas encore assise, et, essentiellement fluctuantes, parce qu'elles y sont basées sur l'exploitation agricole.

Il ne suffit point, pour obtenir un résultat avantageux, que l'argent soit dépensé en vue d'un but grandiose, mais il est nécessaire, pour qu'il y ait œuvre utile, qu'il existe une corrélation étroite, entre les sacrifices consentis et les avantages nettement entrevus, et, s'il convient surtout de construire pour sa génération, il faut particulièrement se garder de grever celle qui suivra et d'immobiliser ainsi l'avenir.

Cet équilibre entre les dépenses à faire et les ressources du pays, cette corrélation entre l'effet utile des travaux et les sacrifices qu'ils nécessiteront, ne paraissent pas, jusqu'ici, avoir aucunement préoccupé l'opinion publique. Une seule chose l'hypnotise : c'est l'Emprunt. Ce mot : c'est le Dieu Sauveur qui va transformer l'Algérie ! C'est la fascination du mot qui enthousiasme pour la chose. La Presse, qui a tout à glaner dans un emprunt, aiguille la masse sur cette voie et célèbre ses vertus magiques. Les prolétaires, embraquant l'emprunt dans la farandole du chômage, chantent l'émission qui finira leurs maux. Dans chaque assemblée locale, on vote des séries de vœux que devra satisfaire l'emprunt. Il est à l'ordre du jour de la prochaine session des délégations financières. M. le Gouverneur général a même sondé à Paris diverses sociétés au sujet de l'emprunt : la Caisse des Dépôts et Consignations serait en tête de liste. M. Berthelot, dans son mémorable rapport, ne voit que cette solution : « M. le Gouverneur général Laferrière — « dit-il — établit que 300 millions sont aujourd'hui nécessaires à « l'Algérie, pour mettre son sol en valeur ; ces fonds, l'Algérie les « demandera à l'emprunt. »

Pour tous, l'Emprunt c'est la tire-lire inépuisable ...... sinon la formule égoïste : après moi, le déluge........

Avant de se lancer dans une aventure aussi importante, il convient cependant d'être édifié sur la nécessité ou l'opportunité d'un emprunt ; avant de régler la question des voies et moyens qui permettront de doter l'Algérie du complément d'outillage économique essentiel à la mise en valeur de son territoire, il est indispensable d'examiner comment il faut concevoir sous le double rapport de l'étendue et de la dépense, le plan intégral des travaux.

DU PLAN INTÉGRAL DES TRAVAUX

Évaluation de la Dépense

Le plan général des travaux ne peut indiquer que les grandes lignes d'ensemble, les points directeurs que devront ultérieurement préciser, développer les projets définitifs, mais il doit embrasser tous les travaux nécessaires ou du moins qui paraissent devoir suffire au développement économique du pays durant une période déterminée.

Cet espace de temps, ne saurait être impunément, ni trop restreint, ni trop développé.

Il sera prouvé au cours de cette étude, que le délai imposé par les capacités financières du budget algérien, comprend une durée sensiblement voisine de trente ans.

S'il comportait une trop longue série d'années, certains ouvrages prévus à cette heure risqueraient de ne plus se trouver en harmonie avec les conditions économiques, industrielles et mécaniques nouvelles, au jour lointain de leur exécution.

S'il était au contraire trop réduit, on se trouverait dans l'imposibilité matérielle d'étendre la réalisation du plan à l'Algérie entière. Or, du moment que le budget algérien, c'est-à-dire l'ensemble des contribuables va être obligé de participer aux dépenses des grands travaux, il serait souverainement injuste qu'ils ne fussent pas équitablement répartis, qu'on en exécutât seulement divers qui, tout en présentant un caractère d'utilité incontestable, favoriseraient néanmoins certains intérêts locaux, alors que d'autres régions seraient complètement délaissées ou comprises dans un second plan financier d'exécution dont la réalisation ultérieure dépendrait de votes aléatoires, incertains.

L'échelonnement des plans est donc inadmissible ; il faut absolument raisonner sur un plan intégral s'appliquant à l'Algérie entière.

Il découle de ces considérations qu'un programme de cent millions — on a cité ce chiffre « pour commencer » — ne résoudrait aucunement la question ; il l'aborderait mal, l'engagerait à faux.

Nous savons tous en effet, ce qu'il advient de ces échelonnements en première, seconde, troisième zone de travaux, sans engagement formel, sans sanction financière. Les projets placés en première catégorie — et ce ne sont pas toujours les plus urgents — sont exécutés, tandis que les autres attendent souvent indéfiniment leur tour.

Aussi bien, qu'est-ce que cent millions pour toute l'Algérie ?

Il y a trente ans, on a mis à exécution un programme de cent millions au moyen d'un emprunt consenti par la Société algérienne : S'est-on aperçu d'une transformation notable dans la situation économique, par le fait de cette opération ? les statistiques ne révèlent aucunement ce résultat.

Le programme de trois cent millions présenté par M. le Gouverneur général Laferrière est encore éloigné du chiffre qui donnerait une équitable satisfaction aux besoins des diverses régions.

Aussi bien, proposer la réalisation d'un programme de travaux aux frais du budget algérien équivaut à l'engagement d'exécuter le programme intégral de tous les travaux reconnus nécessaires sur la totalité du territoire, à moins de vouloir leurrer certaines fractions du pays et substituer au principe d'équité le régime du bon plaisir et des compromissions politiques.

Il faut donc aborder résolument ce programme intégral avec toutes ses conséquences financières.

M. Deloupye, dans son rapport aux Délégations financières, estime que le complément de l'outillage économique algérien ne nécessitera pas moins d'un demi milliard.

Le devis arrêté sous l'administration de M. le Gouverneur général Tirman s'élevait également à cinq cent millions mais il était prévu en sus, pour des travaux d'ordre plus particulier, présentant un caractère presque local, une somme de cent à deux cent millions. Toutefois, au lieu de laisser les dépenses de cette dernière catégorie à la charge de tous les contribuables, on en faisait l'objet de concessions avec péages suffisants pour désintéresser les entrepreneurs, et de la sorte, tout en excitant l'émulation de l'initiative privée, on prélevait indirectement l'argent nécessaire sur les capitaux disponibles au lieu de le prendre indistinctement à la masse et de le distraire, non sans inconvénient, des travaux habituels.

De ce qu'un plan général des travaux, comportant une dépense de cinq cent millions, aura été élaboré, discuté, voté, cela ne signifiera pas que tous les travaux seront entrepris à la fois. Semblable réalisation est matériellement impossible. L'adoption du plan d'ensemble implique simplement que tous les travaux qui s'y trouvent compris, sont décidés en principe, dotés financièrement et qu'ils seront exécutés en temps et lieu.

Aussi bien, en matière de travaux publics, pour faire œuvre utile, l'ordre dispersé doit être absolument proscrit.

Il faut se garder d'éparpiller les efforts, mais au contraire les concentrer sur des points restreints de façon à réaliser son œuvre dans le plus court délai. On conçoit aisément comment plus la période de construction est abrégée et plus vite l'argent qui s'y trouve affecté devient productif, en raison de l'effet utile rendu par l'ouvrage.

Évidemment, quand il s'agira de passer à la période de réalisation, il deviendra nécessaire de procéder à un certain classement, mais déterminer dans l'élaboration du plan général, un ordre formel de priorité, dresser une échelle d'urgence même relative, serait par trop délicat, difficile dès l'instant que tous les travaux considérés font partie d'un programme d'exécution reconnu indispensable et qu'ils présentent tous un égal intérêt pour les régions qu'ils concernent.

Les études définitives permettront seules de fixer les dates d'exécution.

A ce moment, on fera entrer en compte l'intérêt relatif de l'ouvrage en même temps que son utilité absolue évaluée à l'aide de la même unité que la dépense. Si celle-ci est supérieure à l'utilité, l'exécution du projet passera après celui dont les services auront été reconnus plus grands que la dépense et de deux projets en présence, ayant une valeur numérique d'utilité égale, celui qui coûtera le moins sera réalisé avant.

Pour ce classement d'exécution — dont l'échelonnement comprendra une trentaine d'années — on aura encore égard à d'autres considérations diverses, mais les disponibilités financières joueront évidemment le rôle prépondérant, puisque les travaux ne pourront être effectués qu'en raison des échéances successives qui permettront de les solder.

QUESTION FINANCIÈRE

Nous avons établi que la réalisation du plan intégral des travaux comportait une dépense de cinq cent millions et qu'il serait souverainement inéquitable, qu'il était inadmissible de songer à opérer en se basant sur un plan fragmentaire.

Il s'agit maintenant d'examiner de quelle façon nous pourrons nous procurer cette ressource d'un demi-milliard.

Bien que M. Berthelot ait dit dans son rapport :

« Le grand avantage du budget spécial, c'est qu'il permettra à
« l'Algérie la création de ressources nouvelles ;................
« Actuellement l'Algérie n'a nul intérêt direct à l'augmentation de
« ses ressources, puisque ses plus values budgétaires profitent
« au budget général de la France ;...........................
« En cas de besoin extrême, les représentants de l'Algérie semblent
« disposés à créer de nouvelles ressources, à la condition que ce
« soit l'Algérie qui en profite................»

Il est bien indubitable que personne n'admet le principe d'impôts nouveaux.

Aussi bien M. Berthelot ajoute :

« Que pour le programme que l'on envisage actuellement, il ne
« parait pas indispensable de créer une charge nouvelle ; il suffit
« de gérer économiquement le budget spécial pour y dégager un
« revenu disponible équivalent à l'annuité qu'exigera le service
« du futur emprunt. »

Les délégations financières se sont prononcées du reste contre l'assiette de tout nouvel impôt.

M. le Gouverneur général a plusieurs fois répété la même affirmation en ce qui concerne le service des annuités de l'emprunt projeté.

Quoiqu'il en soit de ces assurances et bien qu'on proclame bien haut qu'il ne sera pas établi de charges supplémentaires, sans bruit, dans les divers services, on en dresse les états, comme si la force des choses, une dette exigible par exemple, devait, dans un avenir plus ou moins rapproché, nous étreindre impitoyablement.

Ici, c'est pour établir la contribution foncière sur la propriété non bâtie ; là, pour lever la taxe sur les portes et fenêtres ou élever de 3 fr. 20 à 5 % le taux de la contribution sur la propriété bâtie ; dans tel service on suppute ce que rendra l'établissement des droits sur mutations par décès et l'élévation au droit plein des demi-droits d'enregistrement ; dans un autre, ce sont les droits sur les alcools comptés au chiffre de la Métropole, ainsi que le produit du monopole des tabacs ; les huiles minérales, les bières qui paient en Algérie plus qu'en France, quatorze francs au lieu de neuf francs, trouveront grâce devant le fisc ; mais les châtaignes, le sucre, le café, le thé, les glucoses, les épices, les billards, les cercles, les lieux de réunion, les bicyclettes, les voitures..... tout y passera avant peu, si nous ne crions très fort « au loup. »

Et certes, sans avoir besoin de mettre en doute la sincérité de ceux qui disent : « Allez de l'avant, empruntez, les disponibilités suffisent aux arrérages », nous nous demandons ce qu'ils pourront nous répondre le jour où, ces disponibilités escomptées ayant fléchi, les recettes ne permettront pas de payer l'annuité de l'emprunt ? Cette hypothèse est admissible. Ce jour là, les mêmes nous répondront avec la désinvolture d'augures irresponsables : « devant un cas de force majeure, il n'y a qu'à s'incliner et à s'exécuter » ; et, sacrifice expiatoire mais obligatoire, il faudra endosser de nouveaux impôts.

Le censitaire, si souvent trompé, a le droit d'être méfiant. S'il est par nature récalcitrant, dans le cas actuel qui le vise, la justice de la cause ajoute sa force à son inclination.

En vérité, avant de se lancer dans une aventure qui n'est pas sans exclure absolument la possibilité de charges nouvelles, et tandis que, on cherche par des promesses, des affirmations, à endormir l'opinion publique sur les conséquences admissibles d'une imprudente conception, il est nécessaire d'affirmer que l'établissement d'impôts supplémentaires serait absolument inéquitable et que le contribuable algérien est chargé jusqu'à la limite de ses capacités.

M. de Soliers a établi quelque part, qu'en France, la taxe totale atteignait à peine, par tête, 2 % de la fortune publique, alors que, en Algérie, ce chiffre est supérieur et atteint 2, 2 %.

Nous sommes donc ici relativement plus imposés qu'en France et cette majoration pèse d'autant plus sur les européens que la masse de la population arabe, fausse, diminue, en ce qui les concerne, le véritable quantum moyen.

En comparant les charges au nombre d'habitants, nous trouvons qu'en France on paie 85 fr. 50 par tête, et en Algérie : les européens, 60 fr. 83 ; les indigènes : 11 fr. 50.

Quelque faible que paraisse la moyenne de l'impôt indigène par tête, il ne saurait être augmenté. Cela est reconnu. Aussi bien, si l'on ajoutait aux impôts légaux tous ceux qu'on ne voit pas, le chiffre officiel serait bien au-dessous de la vérité.

Quant aux européens, l'infériorité de leur taxe moyenne, comparativement à celle des habitants de la Métropole, est en réalité fictive. Il faut en effet, dans pareille comparaison, tenir non seulement compte du chiffre brut, mais aussi de la capacité individuelle des censitaires, des obligations, des dépenses diverses auxquelles ils sont astreints par les conditions du pays. Or, il est certain que le milieu algérien, incontestablement anémiant, la chaleur, la fièvre surtout, entrainent une dépression physique et morale qui se traduit par un rendement inférieur de la machine humaine. Si l'on ajoute à cette considération générale, celles tirées d'une vie très dure sous un soleil ardent, des années mauvaises plus fréquentes qu'en France, des transports plus couteux, des communications plus difficiles, de la cherté des articles industriels, de la dépense très forte qu'impose l'usage indispensable de la quinine ou autres médicaments antifiévreux et qui n'est pas éloignée d'atteindre 20 fr. par tête pour le personnel cultural des fermes de la plaine...... on est bien obligé de conclure que l'Algérien est imposé jusqu'aux bornes extrêmes de ses forces et qu'on ne peut songer à le frapper d'impôts surérogatoires.

Ce fait étant acquis, nous allons raisonner dans cette hypothèse et examiner si les disponibilités budgétaires pourront permettre la réalisation des cinq cent millions nécessaires à l'exécution du plan intégral des travaux et par quelles combinaisons ces ressources sont susceptibles d'être fournies.

DISPONIBILITÉS FINANCIÈRES

Dans son rapport du 18 août 1900, M. Berthelot admet que les disponibilités annuelles du budget algérien, peuvent être établies comme il suit :

1°	3.500.000 fr.	Somme fixe inscrite annuellement aux budgets de l'Algérie, au chapitre des travaux publics, et à prélever sur les articles « travaux neufs » qui seront désormais satisfaits par la combinaison propre aux grands travaux.
2°	1.500.000 fr.	Progression annuelle moyenne des recettes.

TOTAL : 5.000.000 fr.

Peut-on compter régulièrement sur cet exédent de recettes ?

Y a-t-il lieu de modifier ce chiffre ?

Comme il importe de n'avoir pas de mécompte, puisque c'est sur cette somme que repose toute l'opération, il convient d'analyser scrupuleusement ce sujet.

ANALYSE

de la disponibilité de 3.500.000 fr. afférente aux anciens articles : Travaux neufs

Cette disponibilité de 3.500.000 fr. est la somme qui était annuellement affectée aux travaux neufs. Ces travaux neufs annuels étant dorénavant compris dans le plan intégral des grands travaux, la somme qui leur était réservée au budget devient donc disponible. Toutefois, avant d'amputer le budget ordinaire de ces 3.500.000 fr., il est prudent d'examiner si cette suppression est rationnelle, c'est-à-dire de savoir si le chapitre des travaux publics s'y trouve suffisamment doté, si, pour fixer les idées, les crédits d'entretien sont convenablement prévus. Il serait, en effet, quelque peu bizarre de diminuer les crédits de ce chapitre pour doter celui des grands travaux, si l'entretien des ouvrages existants devait rester en souffrance.

Or, ce n'était un secret pour personne, avant même que M. Berthelot n'eut porté le fait à la tribune du Parlement, que « faute de fonds, un cinquième des routes de grande communi- « cation n'est pas entretenu et que de ce chef, il faudrait relever le « crédit d'entretien d'une somme non inférieure à 740.000 fr. »

Bien plus.

Dans son exposé au Conseil supérieur, session de 1899, page 207, le Gouverneur général s'exprime ainsi :

« L'état des routes nationales est loin d'être satisfaisant. Sur « nombre de points les chemins sont loin d'avoir l'épaisseur « réglementaire ; ils se dégradent aussi rapidement sous l'action « des pluies de l'hiver et la circulation devient alors extrêmement « difficile lorsqu'elle n'est pas momentanément interrompue. « D'autre part, en certains endroits, les routes sont assises sur « des terrains mouvants ou au pied de montagnes desquelles se « détachent fréquemment des masses considérables de terre qui « obstruent le passage.

« Malheureusement, les ressources mises annuellement à la « disposition de l'Administration algérienne, pour l'entretien des « routes nationales, ne permettent pas d'exécuter tous les travaux « de grosses réparations ou de rechargements nécessaires pour « assurer la viabilité... Le mauvais état des routes s'est encore « empiré... à la suite des pluies abondantes... les avaries ont « été évalués à... 680.000 fr.... et on a instamment prié le Gou- « vernement de demander au Parlement un crédit supplémentaire.

Ce crédit supplémentaire est désormais imputable au budget algérien.

A la page 421, année 1889, le rapport du Gouverneur général déclare formellement que faute de fonds d'entretien, on laisse dépérir les ouvrages maritimes existants et qu'en admettant pour cet entretien 1/200ᵉ du capital d'établissement évalué à 90 millions, c'est 450.000 fr. par an, qu'il faudrait affecter à cet article.

Par ces seules constatations, il est facile de conclure comment cette somme de 3.500.000 fr., considérée comme absolument disponible au chapitre des Travaux publics devrait normalement subir une forte réduction.

Nous l'admettons cependant, telle que M. le Rapporteur du budget a cru devoir l'évaluer.

ANALYSE

de la disponibilité afférente aux plus-values annuelles des recettes.

Nous avons dit que M. Berthelot admettait 1.500.000 fr. comme plus-value annuelle moyenne des recettes.

L'administration prévoit pour 1902 : 2.700.000 fr.

Le chiffre auquel il conviendra de s'arrêter doit évidemment être un nombre moyen susceptible de convenir, très approximativement, à une période à venir qui ne devra guère s'éloigner d'une trentaine d'années, pour les raisons que nous développerons ultérieurement.

A cet effet, il est donc utile de chercher quelle est la plus-value moyenne annuelle correspondant à la période écoulée d'un égal développement.

De 1869 à 1878, la progression annuelle moyenne des excédents de recettes a été de.......... 1.150.000 fr.
De 1879 à 1888................................... 1.100.000
De 1889 à 1898................................... 1.590.000

A partir de 1894, l'introduction de droits nouveaux produit une hausse sensible qu'il ne faudrait pas cependant confondre avec un accroissement de recettes du à une ère de fécondité. Cette augmentation subite des recettes est imputable à l'application du tarif général des douanes (du 21 janvier 1892) ; à l'augmentation des droits sur les sucres, les cafés, l'alcool ; aux gros approvisionnements faits en sucre, en vue des ports francs, des expéditions du Sud, et en café, sous la menace de l'application du tarif général aux provenances de l'Amérique du Sud. L'effet de ces droits se poursuit toujours sans toutefois pouvoir produire un nouveau ressaut, de sorte que, à part l'année faible

on a pour { 1896-1897, qui donne une plus-value de. 1.093 000 fr.
1897-1898....................................... 2.394 000
1898-1899....................................... 2.995.000

En résumé, pour les trente années écoulées :

Depuis 1869-1899, la plus-value moyenne est de.. 1.280.000 fr.
Et pour les dix dernières...................... 1.590.000

En admettant comme progression moyenne des excédents le chiffre de M. Berthelot « 1.500.000 fr. » on semble donc se tenir dans une saine appréciation des excédents futurs.

Ce chiffre acquis, remarquons immédiatement que cette plus-value moyenne des recettes ne constitue pas un excédent, une disponibilité complètement liquide. Et en effet, si les recettes ont subi une marche ascendante, il en a été de même des dépenses.

Le rapport de M. Berthelot, à qui je m'en réfère constamment pour ne pas être accusé d'inexactitude, constate pour les exigences des services, une augmentation annuelle d'environ 1.000.000 fr. Il trouve bien ce chiffre exagéré, mais M. de Beaucoudrey, inspecteur général des finances, estime que cet accroissement n'a rien d'anormal !

En réduisant simplement de 500.000 fr., pour l'accroissement des services, cette plus-value annuelle de 1.500.000 fr., nous tenons compte des économies qu'on promet d'introduire (!) et nous pensons rester dans la limite des probabilités prudentes en admettant comme disponibilité annuelle afférente aux plus-values, la somme de 1.000.000.

Ajoutons cependant encore, que pour avoir cette somme absolument disponible, nous devons faire abstraction de tous les projets introduits en dépenses nouvelles, dont les uns sont plus ou moins ajournables, mais dont certains commandent des dépenses d'ordre presque urgent.

Dans la première catégorie, nous plaçons : les projets concernant les cours d'appel, les champs d'expériences culturales, la construction de medersas, le rehaussement des bourses dont les crédits ont été réduits ; l'augmentation du service forestier.

Dans la seconde : le rétablissement et même l'élévation du crédit du service topographique.

Notre appréciation personnelle pourrait être contredite ; nous donnons celle de M. Paul Leroy-Baulieu, à laquelle sans doute on accordera quelque valeur.

Dans son ouvrage sur l'Algérie et la Tunisie, p. 149, le savant économiste s'exprime ainsi :

« Un autre service essentiel qui n'est primé par aucun autre, qui
« doit même précéder tous les autres, c'est celui de la topographie.
« Tout développement de la colonisation est lié à l'établissement
« du cadastre. C'est la tache première de toute administration
« coloniale intelligente....... Avec quel soin les Etats-Unis et
« l'Australie se hatent de prendre cette arme importante, la
« première par ordre de date et de nécessité ! »

Et autre part, page 151 :

« On dit que le service de la topographie ne chôme pas: il a encore
« bien de la besogne et le personnel pourrait en être accru. »

Le Gouverneur général Laferrière émettait en ces termes, la même opinion :

« Le trouble qui existe dans les tribus, en ce que touche la
« possession du sol, l'inaliénabilité des terres Arch, l'état d'indivi-
« sion de la propriété Melk, sont autant d'obstacles à la mise en
« valeur du pays. Pour pouvoir tirer partie d'immenses étendues
« encore incultes, il faut affranchir de l'indisponibilité les terres
« qui en sont frappées et donner aux transactions la sécurité et les
« facilités qui lui manquent. »

Or, quel est le service qui permettra d'atteindre ce résultat ? Le service topographique.

Il fallait l'augmenter : on l'a réduit ! Etrange aberration des bureaucrates contre laquelle il semble indispensable de réagir en rétablissant au moins l'ancien crédit.

Pour ancrer dans l'esprit de tous, la circonspection qui doit présider à la manœuvre des excédents budgétaires, nous tiendrions cependant à épuiser le sujet des fluctuations et des surprises qu'il est indispensable de prévoir.

Quand nous avons parlé de la plus-value annuelle qui constitue la raison d'une progression arithmétique croissante et que nous avons évaluée à un million, en raison des dépenses obligatoires qu'il fallait défalquer, nous avons naturellement admis que la courbe des recettes et des excédents, basée sur les dix dernières années, continuerait de suivre sa marche ascendante, et nous n'avons pas un seul instant fait intervenir le cas d'un fléchissement.

Cette dernière hypothèse mérite cependant d'être introduite, et si nous la faisons, c'est que l'étude de la statistique financière des recettes en douanes, permet cette supposition.

Nous nous bornerons néanmoins à quelques énoncés, pour attirer simplement l'attention et montrer aux partisans de l'équilibre stable qu'il est telles conditions ou la régularité et la permanence de leur système peut finir par être rompue.

C'est ainsi par exemple :

1° Qu'au budget de 1901 il est seulement prévu une dépense de 4.000 fr. pour les pensions de retraite, alors que plus tard, quand le jeu de ce service sera en plein fonctionnement, ce chiffre dépassera 1.200.000 fr.

Cette supputation n'est pas arbitraire ; c'est un corollaire forcé de la situation. Et en effet, en 1899, pour 1.098.000 francs de retenues opérées, au titre des pensions civiles, le trésor a payé 2.300.000 fr. de retraites ; par suite, le chiffre de 587.000 fr. porté pour les retenues au budget de 1901, au titre des pensions algériennes, implique une somme de 1.229.000 fr. de retraites futures à servir.

2° Les produits de l'Etat sont approximativement comptés pour 2 millions de recettes. Parmi ces produits, ceux du domaine de l'Etat qui mesure 726.000 hectares et qui est estimé 36.618.536 fr., vont chaque année en diminuant par le fait des ventes, des aliénations, des cessions gratuites, non payées ou exonérées. De 1898 à 1899 il a été vendu 27.480 hectares.

Une fois l'aliénation consentie et réglée, le produit correspondant est désormais inexistant pour les budgets futurs et la recette inscrite sous cette rubrique tend nécessairement vers zéro.

3° L'impôt arabe subit aussi des fluctuations sensibles. S'il a augmenté quelque peu d'une façon absolue, par le fait d'accroissement même de la population indigène, il a cependant diminué au point de vue relatif.

4° Les recettes provenant des douanes sont particulièrement menacées; or, on sait qu'à elles seules, elles constituent le quart des recettes budgétaires.

La progression de ce rendement tend à diminuer et diminue effectivement pour deux causes qui s'accentueront de plus en plus.

a) L'augmentation de la production algérienne se traduit par une diminution de l'importation, par tête.

b) L'augmentation de la part de la France, dans les importations en Algérie — et c'est le but que la Métropole doit chercher à réaliser — a comme répercussion sur le budget algérien, la diminution dans la progression des droits perçus par la douane, à l'entrée des marchandises en Algérie.

Les tableaux suivants donnent la preuve de l'affirmation qui vient d'être formulée.

I

ANNÉES	MOYENNE DÉCENNALE des IMPORTATIONS EN ALGÉRIE	PROGRESSION
1867–1876.....	188.400.000......	.... 43.300.000
1877–1886.....	231.700.000......	
1887–1896	253.800.000......	..... 22.100.000

Ces chiffres signifient qu'au cours de la dernière période la *progression* des importations a diminuée de 50 %.

II

ANNÉES a	IMPORTATION TOTALE b	IMPORTATION de MARCH. FRANÇAISES (Valeur en millions) c	PROPOR-TION pour cent d	IMPORTATION de march. étrangères Valeur e	DROITS PERÇUS sur les MARCHANDISES étrangères f
1894.....	283.114.543	217.300.000	76,6	65.814.543	6.436.800
1895.....	280.648.923	222.600.000	79.3	58.048.923	5.706.327
1896.....	302.497.003	244.500.000	80,7	57.997.003	5.529.498
1897.....	296.026.105	235 300.000	79,5	60.726.105	6.091.954
1898.....	320.587.669	243.900.000	76	76.687.669	6.683.679
1899.....	341.625.910	282.200.000	82,6	59.425.910	6.849.603

Si nous comparons les années 1894, 1896, 1899, nous voyons que si la proportion de l'importation des marchandises étrangères avait été la même qu'en 1894, les droits perçus en

1896, auraient été de.... 6.850.000 fr. au lieu de.. 5.529.498
1899   de.... 7.725.000 fr. au lieu de.. 6.849.603

ce qui signifie que la progression des droits de douane perçus sur les marchandises étrangères est en raison inverse de l'importance de l'importation des marchandises françaises.

De ces diverses considérations il découle nettement que la progression budgétaire que nous avons admise, n'est pas aussi solidement établie que certains semblent vouloir l'indiquer, et que, dans les diverses combinaisons à l'étude, il serait rationnel de faire intervenir au moins par prudence, la supputation de cet élément.

Néanmoins, pour éviter la discussion que ferait jaillir l'introduction de toutes ces réserves, nous allons raisonner dans l'étude des voies et moyens d'exécution, en admettant avec M. Berthelot et l'Administration, l'existence d'excédents de recettes disponibles, notre démonstration étant vraie quelque soit le chiffre de ces excédents, les coefficients numériques étant seuls à modifier dans la formule générale, dans le cas où nos chiffres différeraient de ceux qui vont être soumis à la prochaine réunion des Délégations financières.

VOIES D'EXÉCUTION

Utilisation des Excédents de recettes en vue de l'exécution du plan intégral des Travaux

Nous avons vu au cours des pages qui précèdent que le budget spécial de l'Algérie pouvait affecter à l'exécution du plan intégral des travaux :

1° Une somme fixe annuelle de.............. .... 3.500.000 fr.

2° Les plus-values annuelles de recettes qui constituent une progression arithmétique croissante dont la raison est.............................. 1.000 000

L'utilisation de ces ressources peut être pratiquée de deux façons :

Ou, en les considérant comme le montant de l'annuité consacrée au service d'un emprunt à contracter ;

Ou à titre de crédit annuel constituant le budget progressif des grands travaux à exécuter.

Nous nous trouvons par suite en présence de deux voies d'exécution :

Le système de l'Emprunt.

Le système du Budget des Ressources ordinaires disponibles.

SYSTÈME DE L'EMPRUNT

Délai d'exécution de 25 années

Il nous faut cinq cent millions.

Puisque nous nous proposons de les empru ter sans augmenter les charges des contribuables, nous devons pouvoir disposer de ressources solidement établies, égales à l'annuité du capital cherché.

Or, l'annuité de 500 millions, remboursables en 75 ans, à 4 °/₀ intérêts et amortissements compris, est égale à 21 millions.

Nous ne pourrons donc avoir effectué nos 500 millions de travaux que lorsque nos ressources disponibles pourront fournir cette annuité de 21 millions.

Mais à ce moment, il nous faudra disposer d'une annuité supérieure à 21 millions, car, lorsque nous aurons exécuté ces 500 millions de travaux, nous nous trouverons dans l'obligation absolue de les entretenir.

On évalue habituellement l'entretien aux 15/1000ᵉ du capital d'établissement. Pour 500 millions de travaux, il sera donc nécessaire de prévoir 7.500.000 fr. d'entretien de sorte que, lorsque nous aurons réalisé le programme intégral, il nous faudra disposer d'une annuité de 28.500.000 fr. : (21.000.000 + 7.500.000).

Que posséderons-nous pour faire face à cette obligation ?

Nous disposerons tout d'abord de 3.500.000 fr. (ancien crédit des travaux neufs), ce qui réduit à 25.000.000 la somme qu'il reste à trouver.

Nous disposerons ensuite de la plus-value des recettes qui croît de un million par an.

Quand est-ce que cette plus-value vaudra 25 millions ?

Evidemment dans 25 ans.

Donc, par le fait des disponibilités financières permettant seules de gager l'emprunt, il ne sera pas possible d'avoir effectué avant un délai de 25 années le programme intégral des travaux, ce qui correspondra à l'exécution de 20 millions de travaux par an.

Une plus grande rapidité d'exécution serait évidemment désirable aussi bien pour donner satisfaction aux besoins généraux qu'à l'effet de laisser moins longtemps improductif, l'argent affecté aux travaux. Cependant, indépendamment de la limite inéluctable tirée des conditions financières ci-dessus, il est également des délais dépendant de plusieurs considérations pratiques.

Il faut d'abord un certain temps non seulement pour l'élaboration des projets sommaires nécessaires à l'édification du plan général d'ensemble, mais aussi pour la rédaction des projets définitifs sur lesquels les travaux peuvent seulement être mis en adjudication.

La rédaction de ces projets est d'autre part limitée en accélération en raison du personnel qu'il n'est possible d'augmenter que dans une certaine proportion, aussi bien à cause de l'insuffisance des dotations budgétaires que par suite des difficultés inhérentes au recrutement du personnel technique.

Nous ne pensons pas exagérer en estimant à trois ou quatre années, la durée de cette période préparatoire.

De même pour l'exécution. On ne saurait, sous peine de préparer une crise ouvrière déplorable, augmenter démesurément la main-d'œuvre, en faisant appel à un trop grand nombre de bras qui seraient ensuite brutalement réduits au chômage, si l'achèvement des travaux se poursuivait avec une vitesse exagérée. Il faut que la masse des travaux jetés à la fois sur les chantiers nécessite seulement un nombre d'ouvriers sensiblement égal à celui qu'impliquera plus tard l'entretien ultérieur, défalcation faite des déchets, des extinctions, de l'écoulement normal.

Aussi bien cette rapidité d'exécution peut être pratiquement déduite des travaux du même ordre déjà exécutés. Nous allons voir qu'elle ne diffère pas beaucoup du délai mathématiquement imposé par les conditions financières de l'opération.

Ainsi, le programme des travaux d'amélioration des ports militaires de la métropole et des colonies, évalué à 170 millions, a admis comme prévision, un délai maximum de huit années, soit une dépense de 21 millions par an.

Le contrat de 1867, avec la Société Algérienne, admettait une période de six années pour l'emploi de 100 millions. Ce programme réalisé seulement en partie, a nécessité dix ans pour l'emploi de 85 millions, soit une utilisation de 8.500.000 fr. par an.

L'exécution du programme de Freycinet a embrassé vingt années pour l'emploi de 1.300 millions, soit soixante-cinq millions par an. Mais on opérait sur la France entière où l'on pouvait assez impunément faire appel à la masse des travailleurs. Néanmoins, pour arriver à recruter en nombre suffisant le personnel technique, on fut obligé de prendre au corps des Mines un certain nombre d'ingénieurs qui passèrent au corps des Ponts-et-Chaussées et de réduire à un an, la période d'études des Elèves-Ingénieurs, à l'Ecole nationale des Ponts-et-Chaussées.

Enfin, le nouveau plan des Travaux, faisant suite au plan de Freycinet et déposé par le Ministre le 22 février de cette année, comporte une dépense de 611 millions et un délai d'exécution de 16 années, soit une dépense de 38 millions par an.

Ces exemples empruntés à la pratique fixent les délais d'exécution entre des limites variables qui, pour les travaux aux colonies, ne diffèrent donc pas sensiblement de celui que les disponibilités financières du budget algérien ont, comme nous l'avons établi, mathématiquement imposé.

Il faudra donc vingt-cinq années pour l'exécution du plan intégral et il n'est pas possible, par le fait brutal des prévisions budgétaires, d'abréger cette période.

Nous admettons que ces travaux seront poussés avec une vitesse uniforme, c'est-à-dire à raison de 20 millions par an, ce qui, au bout de 25 ans, fait bien les 500 millions prévus.

Examinons maintenant ce qui sera financièrement advenu au cours de cette période de 25 années.

Dès l'instant que nos travaux sont divisés en 25 périodes, nous nous garderons de réaliser en une fois l'emprunt de 500 millions.

N'ayant besoin que de 20 millions par an — pour les travaux neufs — nous réaliserons simplement chaque année, à cet effet, l'emprunt de 20 millions nécessaire, de sorte que, au bout des 25 années, nous aurons payé à la société financière, bailleur de fonds, à 4 0/0, en 75 ans :

$$
\begin{aligned}
&25 \text{ annuités de 20 millions.} \\
&24 \qquad\quad \text{id.} \\
&22 \qquad\quad \text{id.} \\
&\ldots \qquad\quad \text{id.} \\
&\ldots \qquad\quad \text{id.} \\
&\ldots \qquad\quad \text{id.} \\
&\;1 \text{ annuité de 20 millions.}
\end{aligned}
$$

Total : 325 annuités de 20 millions, c'est-à-dire 325 annuités de 844.580 fr. chacune, soit une somme de 274.300.000 fr.

En sus de cette somme, le budget algérien aura du faire face à l'entretien de ces 500 millions de travaux.

L'entretien étant compté au 15/1000ᵉ des frais d'établissement, pour chaque vingt millions de travaux, il aura donc fallu consacrer à cet entretien, à partir de la deuxième année, la somme de trois cent mille francs $\dfrac{20.000.000 \times 15}{1.000}$ dont la totalisation, au moment de l'achèvement des travaux, s'élève à 90 millions (*).

Cet entretien ajouté aux annuités payées, constitue donc en 25 années, une dépense de :

$$
\begin{aligned}
274.300.000 \text{ fr.} \\
90.000.000 \\
\hline
364.300.000 \text{ fr.}
\end{aligned}
$$

Au cours de ces 25 années, la totalisation des disponibilités budgétaires (les 3.500.000 fr. de l'ancien crédit des travaux neufs et la plus-value annuelle de 1.000.000) s'élève à 412.500.000 fr. (**)

La différence, 48.200.000 fr., entre ces recettes et les dépenses, aura été affectée à des ouvrages divers ou imprévus, dont l'urgence se sera manifesté au cours de l'exécution du plan intégral des travaux.

---

* $(2 \times 300.000 + 300.000 \times 23)\dfrac{24}{2} = 90.000.000.$

** $\left[\begin{array}{l} 3.500.000 + 1.000.000 \\ + 3.500.000 + 1.000.000 \\ + 1.000\,000 \times 24 \end{array}\right]\dfrac{25}{2} = 412.500.000.$

SYSTÈME DU BUDGET
DES RESSOURCES ORDINAIRES DISPONIBLES

Nous venons de voir que les ressources financières dont nous pouvions disposer, véritable progression par différence, dont le premier terme est (3.500.000 + 1.000.000) et la raison (1.000.000), constituaient au bout de vinq-cinq ans, un capital accumulé de 412.500.000 fr.

D'une façon générale, à une époque quelconque *(n)* pour un premier terme *(a)* et une raison *(r)*, la somme dont on pourra disposer, sera donnée par la formule :

$$2\,a + (n-1)\,r\,\frac{n}{2}$$

Pour la première année, nous savons que nos disponibilités financières se chiffrent par :

$$3.500.000 + 1.000.000 = d.$$

Au cours de la deuxième année, nous aurons à entretenir les travaux de la première année. Nous avons dit que cette dépense d'entretien devait être estimée au 15/1000ᵉ des frais d'établissement.

Elle s'élève donc à $\dfrac{15}{1000} \times (4.500.000) = \dfrac{15}{1000} \times d.$

Si nous appelons *(e d)* cet entretien de la première année, la somme disponible pour les travaux neufs de la deuxième année sera :

$$d + r - e\,d$$

De même, la disponibilité de la troisième année

$$d + 2\,r$$

aura subvenu à l'entretien des travaux de la première et de la deuxième année, se montant à

$$e\,d + e\,(d + r - e\,d)$$

et aux travaux neufs, pour la somme de

$$(d + 2\,r) - e\,(d + r) + e^2\,d - e\,d)$$

On voit la marche du calcul jusqu'à la nᵉ année.

Appliquant cette méthode à notre cas spécial, avec la disponibilité fixe de 3.500.000, un premier terme : 4.500.000 (= 3.500.000 + 1.000.000) une progression de 1.000.000, nous obtenons le tableau suivant qui nous donne par année, les disponibilités cumulées, les disponibilités progressives, les sommes libres pour les travaux neufs et celles nécessaires à l'entretien :

ANNÉES	DISPONIBILITÉS ACCUMULÉES	TRAVAUX NEUFS	ENTRETIEN	DISPONIBILITÉ ANNUELLE
1er.	4.500.000	4 500.000	0	4.500.000
2e.	10.000.000	9.932.500	67.500	5.500.000
3e.	16.500.000	16.283.500	216.500	6.500.000
4e.	24.000.000	23.539.225	460.775	7.500.000
5e.	32.500.000	31.683.875	816.125	8.500.000
. . . .	. . . .	. . . .	. . . .	. . . .
. . . .	. . . .	. . . .	. . . .	. . . .
. . . .	. . . .	. . . .	. . . .	. . . .
. . . . . .	. . . .	. . . .	. . . .	. . . .
10e.	90.000.000	. . . .	. . . .	13.500.000
. . . .	. . . .	. . . .	. . . .	. . . .
. . . .	. . . .	. . . .	. . . .	. . . .
. . . .	. . . .	. . . .	. . . .	. . . .
. . . .	. . . .	. . . .	. . . .	. . . .
15e.	172 500.000	. . . .	. . . .	19.500.000
. . . .	. . . .	. . . .	. . . .	. . . .
. . . .	. . . .	. . . .	. . . .	. . . .
. . . .	. . . .	. . . .	. . . .	. . . .
. . . .	. . . .	. . . .	. . . .	. . . .
20e.	280.000.000	. . . .	. . . .	23.500.000
. . . .	. . . .	. . . .	. . . .	. . . .
. . . .	. . . .	. . . .	. . . .	. . . .
. . . .	. . . .	. . . .	. . . .	. . . .
. . . .	. . . .	. . . .	. . . .	. . . .
25e.	412.500.000	362.656.000	49.844.000	28.500.000
. . . .	. . . .	. . . .	. . . .	. . . .
. . . .	. . . .	. . . .	. . . .	. . . .
. . . .	. . . .	. . . .	. . . .	. . . .
. . . .	. . . .	. . . .	. . . .	. . . .
30e.	570.000.000	489.545.000	80.455.000	33.500.000

Les calculs et le tableau qui précèdent établissent donc qu'au bout de trente années, à l'aide seul des ressources budgétaires, on aura pu exécuter le plan intégral des travaux (à onze millions près) et subvenir à leur entretien, c'est-à-dire

dépenser 570.000.000

dont 489.545.000 fr. en travaux neufs ;
    80.455.000   en entretien.

L'exécution exacte des 500 millions de travaux nécessiterait trente ans et demi.

COMPARAISON DES DEUX SYSTÈMES

Nous avons démontré que par la seule utilisation des ressources disponibles au budget ordinaire, il était possible de réaliser le programme intégral des travaux, évalué à cinq cent millions, en trente ans et demi. Nous avons également vu que par la méthode de l'emprunt il suffisait d'un délai de vingt-cinq ans.

Si l'on tient compte du temps que nécessitera la rédaction des projets et la solution de l'emprunt, on conçoit comment cette différence de cinq années, en réalité négligeable, ira en s'atténuant, de deux à trois ans, car, durant la période d'incubation, les disponibilités budgétaires s'étant accumulées, pourront, dans le système des ressources ordinaires, être affectées en bloc, dès la première année de l'inauguration des travaux.

Il est vrai encore que durant la première moitié du délai, le chiffre des disponibilités budgétaires ne permettra pas d'imprimer aux opérations une marche aussi active que celle réalisable avec la dotation annuelle de 20 millions, dans le système de l'emprunt.

Mais, au cours de la deuxième période, au moment ou le fonctionnement des chantiers battra son plein, l'accroissement des ressources ordinaires déterminera une accélération des travaux qui atteindra 33.500.00 fr. par an, c'est-à-dire une activité supérieure à celle qu'il sera possible de pratiquer avec les subsides de l'emprunt limités à 20 millions par an.

Au terme de cette période trentenaire, le budget qu'aucune dette n'aura surchargé, défalcation faite des frais d'entretien, pourra disposer de la totalité de ses excédents, soit pour dégrever les contribuables, soit pour entamer l'exécution d'un nouveau plan de travaux.

Il est bien évident, en effet, que les 500 millions de travaux nécessaires à la satisfaction des besoins de l'heure actuelle, ne peuvent suffire à l'avenir de l'Algérie. Des œuvres nouvelles s'imposeront, car un pays ne peut s'arrêter dans la voie du progrès sous peine de rétrograder vis-à-vis de ses voisins. Dès cet instant, on pressent que le plan des travaux de 500 millions, n'est qu'un palier d'accès, une étape dans le progrès. Ainsi que le disait le Ministre des travaux publics, dans la séance du 22 février 1901, en présentant le plan des travaux nouveaux à réaliser en France : « La nation qui « veut parvenir à un avenir glorieux doit deviner les besoins de cet « avenir et se trouver prête à le satisfaire ; si elle ne peut que « faire face aux besoins actuels, elle rétrogradera. » C'est pour cela qu'il importe de ne pas engager cet avenir, de ne point le grever, l'immobiliser pour la satisfaction égoïste de l'intérêt mal compris du présent.

Aussi bien, la restriction des travaux à l'emploi des ressources disponibles du budget ordinaire, à mesure qu'elles se produiront, évitera, comme nous le calculons plus loin, la colossale et stérile dépense d'arrérages énormes, — plus d'un milliard en 75 ans — dépense qui ne profitera qu'à ces sociétés de monopole et d'accaparement d'argent qui auront consenti l'emprunt pour la plus grande ruine du pays.

Ce mode présente en outre un avantage de la plus haute gravité et qu'il importe de faire ressortir.

Grace à la flexibilité du système, en raison de la liberté absolue de sa manœuvre, il sera toujours possible de régler le chiffre des travaux, sur l'allure des excédents. De telle sorte que, dans le cas ou par le fait d'une crise, la progression des recettes resterait stationnaire ou même changerait de sens, il n'y aurait pas de déficit dans le budget des travaux qui serait toujours équilibré. On en serait quitte pour diminuer la dépense annuelle affectée aux travaux proportionnellement à l'écart des recettes et on attendrait sans embarras, sans être obligé de frapper des impôts nouveaux, le retour du cours normal des choses.

Nous allons montrer combien différera la situation avec l'adoption du système basé sur un emprunt.

Quelle séra, au terme de la vingt-cinquième année, à la terminaison des travaux, la situation financière du pays ?

L'emprunt aura grevé l'Algérie d'une dette de 500 millions.

Toutes les sommes octroyées par l'emprunt auront été versées, dépensées.

Toutes les disponibilités financières, jusqu'à concurrence de 28.500.000 fr., seront désormais absorbées par l'entretien et le service de la dette, c'est-à-dire que pendant 75 ans — à partir de 1926 — il faudra verser jusqu'en 1976, époque ou commencera le jeu de l'amortissement, l'annuité de 21 millions.

Et de ce chef :

tant pour les vingt-cinq premières années qui auront absorbé 364.300.000 fr.

que pour les années suivantes — la centième à partir de 1901 — qui auront nécessité en versements d'arrérages : 1.219.462.500 fr.

le budget algérien aura payé la somme colossale de

$$1.583\ 762.500 \text{ francs}$$

(25 annuités de 20 millions pendant 75 ans = $25 \times 844.580 \times 75$)

c'est-à-dire **plus d'un milliard et demi**

pour 500 millions de travaux !

Mais là, ne se bornent pas les côtés déplorables, dangereux, ruineux du système par emprunt.

Dès la 25ᵉ année, en 1926, à l'annuité de 21 millions, viendra s'ajouter la garantie d'intérêt aux compagnies de chemins de fer, dépense qui, en tenant compte des lignes nouvelles, ne différera guère des 22 millions actuellement payés par l'Etat.

Où trouvera-t-on cette somme, puisque toutes les disponibilités du budget sont désormais absorbées jusqu'à concurrence de 28.500.000 fr. !

Il est une menace autrement grave.

Les disponibilités budgétaires, sur lesquelles on base le service de la dette à contracter, sont fluctuantes et soumises aux crises agricoles. Qu'il vienne une mauvaise année ; qu'au lieu des excédents normaux il se produise un déficit et voilà le service de la dette compromis ! Or, ces créanciers sont inexorables ; l'annuité de la dette est exigible sans remise ; alors même que les corps élus se refuseraient à la voter, elle serait ordonnancée d'office, et pour la recouvrer, quitte à nous ruiner, le Gouvernement frapperait des impôts nouveaux, de telle sorte que l'écrasement de charges nouvelles coïnciderait avec la situation critique du pays.

M. Aymes, délégué financier, avait déjà prévu un côté des inconvénients de l'emprunt, quand au cours de la session dernière (Délégations financières, p. 369. 1899) il se demandait « si l'emploi des « fonds d'emprunt équivaudra à l'effet utile qu'on obtiendrait par « l'application annuelle des crédits pour travaux neufs. » Mais, le danger qui nous menace et qui semble fatal, dès l'instant que nous serons engagés sur la voie, provient de l'insuffisance qui peut se produire dans les excédents.

Une fois aiguillé sur la ligne des dépenses, nous pressentons trop bien où nous entraînera la vitesse du mouvement.

C'est l'expérience désastreuse des dangers déterminés par le régime de l'emprunt qui a décidé le Ministre des travaux publics, à renoncer totalement à ce système pour les nouveaux grands travaux à exécuter en France.

Dans l'exposé des motifs déposé le 22 février 1901, sur le bureau du Parlement et auquel nous avons fait allusion, le Ministre déclare formellement « que *profitant de l'expérience acquise*, il a eu la « préoccupation de n'entreprendre que les *opérations indispensables* « *pouvant être exécutées sur les fonds ordinaires du budget* et dans une « période de seize années » Il s'agit d'un programme de 600 millions de travaux.

Il expose ensuite comment en cours d'exécution, le plan de Freycinet, qui comportait une dépense primitive de 1.200 millions, révéla aussi bien par l'affirmation de besoins nouveaux que par une évaluation nouvelle des charges, que les prévisions devaient s'enfler dans des proportions considérables et dépasser deux milliards.

Puis, il explique comment *pour ne pas être entraîné trop loin*, le Gouvernement fut obligé de sacrifier une partie des travaux, *d'arrêter les emprunts successifs* que sanctionnaient des crédits inscrits à cet effet à un budget extraordinaire et *de réintégrer « par une sage disposition »* l'opération au budget ordinaire.

Avec ces modifications, ajoute le Ministre, le plan de 1878 a reçu son exécution. Et *malgré des crises et des embarras financiers qui ont fait descendre parfois à un chiffre bien minime, l'allocation budgétaire annuelle, on a pu, grâce à une administration très ferme et très prudente, effectuer des travaux jusqu'à concurrence de 1.300 millions.*

« Le côté financier — poursuit le Ministre — est un de ceux sur « lesquels l'attention du Gouvernement s'est portée avec le plus de

« soin, de manière à ÉVITER TOUT MÉCOMPTE ULTÉRIEUR. Les
« données du problème ne rendaient pas la solution aisée. La
« dépense en effet devait être nécessairement assez forte et il
« *fallait ne pas augmenter les charges* qui pèsent aujourd'hui sur les
« contribuables. D'un autre côté, on ne *pouvait songer à revenir au*
« *système de l'emprunt désormais condamné*, ni même au système
« des avances, dont l'expérience a démontré les inconvénients. La
« combinaison à trouver devait tenir compte de tous ces éléments
« contradictoires et les concilier entre eux. »

Et le Ministre *préconise l'emploi direct des ressources ordinaires, au
fur et à mesure qu'elles se produisent, tout en distrayant de ces rentrées
les sommes nécessaires aux entreprises courantes dont le besoin peut
se révéler au jour le jour.*

Toutefois, il leur ajoute pour alléger les charges de l'Etat, la
participation des intéressés, syndicats privés, départementaux,
communaux, concours de sociétés d'entreprises, qui se récupére-
ront de leurs dépenses au moyen de péages, de concessions.

Aussi bien la combinaison préconisée par le Ministre, n'est que
l'expression du 10ᵉ vœu, voté dans la dernière séance du Congrès
national, sous la présidence du Ministre des Travaux publics. Ce
vœu expose notamment « que dans le but de soulager les finances
« publiques et pour faciliter l'exécution des grands travaux, l'Etat
« pourrait dans certains cas avoir recours à des sociétés conces-
« sionnaires. On pourrait même aller plus loin dans cette voie et
« accorder la personnalité civile à certaines entreprises régionales,
« à certains grands outillages, qui deviendraient ainsi juridique-
« ment et industriellement autonomes, possédant une vie propre
« et par suite, la faculté d'emprunter, de se gérer, d'exploiter, de
« percevoir des taxes, de payer des intérêts, de distribuer des
« dividendes, sans engager cependant la propriété individuelle qui
« ne cesserait d'appartenir à l'Etat, qu'il s'agisse de forêts, de
« barrages, de voies ferrées, de canaux ou de ports. »

Appliquer ces principes à l'Algérie serait le vrai moyen d'y créer
la richesse, non seulement par le bienfait des entreprises qui y
seraient réalisées sans créer des charges nouvelles, mais aussi par
l'apport des capitaux que l'application de cette doctrine ne laisserait
pas de déterminer.

CONCLUSION

Ainsi, c'est au moment où le Parlement, dans sa séance du mardi 12 mars 1901, a nommé la Commission des nouveaux grands travaux et adopté les vues ministérielles dont les grandes lignes viennent d'être indiquées ;

C'est au moment ou du haut de la tribune, le Ministre des Travaux publics a solennellement abandonné le système de l'Emprunt, pour l'exécution des grands travaux d'Etat ;

C'est au moment où le Congrès général des Travaux publics vient de se prononcer contre un pareil régime ;

C'est à cet instant, qu'oublieux de l'expérience faite en France, dédaigneux de l'exemple donné par la Métropole ou ignorants des vérités démontrées, certains songeraient à faire adopter par l'Algérie, le système d'Emprunt, condamné en ce qui concerne les grands travaux d'Etat, aussi bien en raison de son fonctionnement ruineux que par les dangers auxquels il entraîne !

La tentative est pour le moins bizarre et l'on arrive à se demander si les Sociétés financières repoussées en France, ne se proposent pas de retourner leurs griffes contre l'Algérie ! contre cette Algérie peuplée de braves colons sans défiance ! contre cette Algérie, où par le concours des diverses conditions du milieu, il est si facile de créer un mouvement fictif d'opinion publique, alors même que l'agitation artificiellement excitée se trouve contraire — comme il en est pour l'Emprunt — aux intérêts de tous !

Alors, suivant la pente des déductions, nous finissons par supposer que cette « idée d'emprunt » si habilement lancée dans la masse, pourrait bien faire partie de certain plan machiavélique qui semble tenacement poursuivi et dont les grandes lignes paraissent se dégager des événements se déroulant en Algérie depuis une dizaine d'années.

Ce que nous avançons n'est qu'une hypothèse, mais cette hypothèse que nous avons depuis longtemps émise, est de plus en plus affirmée par la suite des faits.

Ne semble-t-il, en effet, que d'occultes et puissantes influences sont constamment intervenues dans les affaires algériennes comme si elles avaient voulu créer, perpétuer le désordre et nous accabler sous la déconsidération ?

Puis, après nous avoir fait traiter d'absinthés, de paresseux, d'incapables, de voleurs, de tortionnaires, ne nous a-t-on pas jetés les uns contre les autres comme pour démontrer que nous étions des sauvages indignes de la liberté !

Maintenant on veut nous enlacer dans le filet des combinaisons financières, pour mieux nous réduire par la misère et l'impôt !

Et quand, de lutte lasse, notre galère désemparée, affolés, nous clamerons secours, prêts à le saisir de quelque main qu'il survienne, quand les incidents politiques et financiers — habilement exploités ou criminellement provoqués — auront paru démontrer que nous sommes incapables de nous administrer, de pratiquer les formules de la doctrine démocratique, alors, réduits à l'état de citoyens mineurs, la France nous enverra un de ses Pisistratides, un Verrès, un Cambon, un pro-consul, un maître qui disposera à son gré, pour rassasier sa bande, des richesses territoriales et financières du pays !

Nous nous élevons de toute notre force contre ces tendances et en face de ces possibilités nous crions : « Garde à vous ! »

Repoussez le principe d'emprunt ; adoptez la doctrine à la fois saine, prudente et féconde de la sage utilisation des disponibilités du budget ordinaire, car seule elle permettra de compléter l'outillage économique a'gérien, sans exposer le pays aux chances dangereuses et onéreuses qu'implique fatalement toute combinaison basée sur l'emprunt.

Isolé sans doute aujourd'hui, nous serons peut-être foule demain et quoiqu'il advienne, en brassant ces pages, nous pensons avoir servi le pays :

« Fay que doys, aveingne que puet. »

Mario **VIVAREZ**.